"Créame, hasta para ser el mejor vendedor del mundo, necesité de los mejores clientes."

ÍNDICE

INTRODUCCIÓN

En este pequeño amuleto peligroso, llamado libro, entrarás en un área literalmente restringida, no solo por las experiencias vividas que te proporcionaré escritas en las próximas páginas, sino por contenidos que realmente son guardados por muchos como *"el secreto de todas las ventas"*.

Créeme, el método presentado aquí se utiliza para cualquier tipo de negocio, literalmente. No te preocupes por pensar que tu negocio es demasiado innovador o demasiado conservador, porque aquí recibirás un contenido totalmente exclusivo que es de extrema importancia en el mundo comercial.

No solo te guiaré en este paso a paso, sino que también te mostraré resultados con hechos de aquellos que han tenido éxito con esta metodología, y estamos hablando de personas que han ingresado en la lista de **'FORBES'**, que han creado grandes *'Startups'* y muchas otras potencias mundiales. Sin duda, al tener este ejemplar en tus manos, ya estarás por delante de tu competencia, si es que tienes competidores después de leerlo.

Con más de 15 años de experiencia en ventas, y después de muchos estudios e investigaciones científicas, descubrí un comportamiento en los mejores vendedores, al que llamo *'Alta Performance'*. Cualquier vendedor puede vender una vez a cualquier cliente, pero solo un vendedor de *'Alta Performance'* vende varias veces al mismo cliente. Y esto solo se logra cuando la persona se encuentra a sí misma, su verdadera identidad. Cuando sabes exactamente quién eres, qué haces, cómo lo haces, para quién lo haces y, lo más importante, por qué lo haces, sin miedo a actuar y arriesgarte, logrando así superar tus metas más audaces, sin importar dónde esté o trabaje, ni siquiera el producto o servicio que ofrezcas. ¡Y con toda la seguridad del mundo, serás **EL MEJOR VENDEDOR SIEMPRE!**

Viendo esta necesidad en el mercado por parte de grandes emprendedores y empresarios, decidí compartir mis secretos en este libro que se basa en mi entrenamiento. El entrenamiento era un deseo de mi corazón desde 2020, cuando comencé mi carrera profesional como entrenador de personas. Sentí que mi razón de ser era llevar todo este conocimiento que tengo al mayor número de personas, pero solo se lanzó el 7 de septiembre de 2022 en formato presencial y ha sido un éxito hasta ahora. Ya hemos alcanzado a más de 1000 personas y ningún entrenamiento es igual a otro, cada uno es especial en un formato único, el contenido se mejora en cada edición y cada vez más lleva este conocimiento liberador a personas y negocios.

PREFACIO

El proceso comercial dejó hace mucho tiempo de ser una operación relativamente aislada para convertirse en una ciencia. Actualmente, lo que existe no es un *"sector comercial"*, sino una operación de inteligencia comercial dentro del ecosistema de negocios de la empresa.

Es necesario comprender lo más rápido posible el surgimiento de esta nueva ciencia en las ventas B2B[1]. Y es como resultado de estos cambios disruptivos y del comportamiento del consumo que las ventas han evolucionado de *"Arte"* a Ciencia.

En otras palabras, las ventas se basan en datos y metodologías, posibilitadas por plataformas digitales, sustentadas por análisis avanzados, generando previsibilidad y oportunidades de escala enfocadas en comprender realmente *"el por qué, cómo y cuándo"* del cliente. Toda su jornada y las etapas generadas del embudo de relación dentro de los perfiles de clientes prospectados.

Las empresas que ya han adoptado la *"ciencia de ventas B2B"* ya superan a sus pares en términos de crecimiento de ingresos, registrando 2 o 3 veces el crecimiento promedio del segmento, y un retorno de lucrativita del 3% al 5% en ventas. Y el valor para los accionistas es un 8% mayor en retorno que el promedio del sector.

(Datos de la consultora MCKINSEY del primer trimestre de 2022. Y los resultados cada vez mayores se observan todos los días)

Este texto fue autorizado y es de autoría de un gran amigo que confió en mi proyecto de carrera y de vida desde la primera vez que lo escuchó, comprendiendo la importancia de esta metodología.

Desde el inicio, sabemos que no cambiaríamos el mundo, pero si pudiéramos cambiar la mentalidad de una persona, ya estaríamos cumpliendo el papel de un ecosistema saludable.

Con esto, unimos nuestros propósitos porque creemos fielmente que juntos llegaremos lejos.

¡Gracias, Guillermo!

El B2B es el modelo de negocio business-to-business o, en su traducción al portugués, "empresa a empresa".

AGRADECIMIENTOS

Gracias es una palabra muy simple para expresar a Dios todo lo que siento al entregar este proyecto de vida a ti, lector, así que gracias a ti que estás leyendo y haces que este proyecto se haga realidad en mi vida. Pero este sentimiento no sería posible sin mencionar los nombres a los que estoy eternamente agradecido, como la llegada de mi hija Aurora, que duerme en el sofá a mi lado en este momento mientras escribo, porque ella me dio el sentido y la fuerza para dejar un legado en el mundo; a mi querida esposa Camila, que nunca me ha abandonado desde que llegó a mi vida. También podría mencionar todas las empresas a las que he atendido o trabajado, pero en este momento solo me viene a la mente mi primo Fabio, con quien aprendimos juntos desde muy temprana edad, a los 9 años, a vender en la práctica, experiencias que me trajeron hasta aquí, donde estoy hoy.

No puedo olvidar agradecer también a mis mentores, primero a mi amado padre, cuyo nombre llevo en el registro y la sangre de comerciante en las venas, *Sr. Carliño* a mi abuelo *Aguilar*, a quien ya le he escrito una biografía en vida; a mi gran amigo que hice durante esta jornada llamada vida, *Guillermo*, que dedicó horas y horas de su vida a conversaciones intensamente productivas; a todos aquellos que me ayudaron a llegar a mi destino, con una palabra que calentaba el corazón y producía sinapsis neurales en mi cerebro. A mis amigos conferencistas de talleres, *Rodrigo, Marcía, Cynthia y Rafaela;* a mis consultores y coachees *Marcelo* y *Dr. Fabio Bastos*, que me enseñaron que solos no llegamos a ningún lado en la vida; y a mi *Pastor Maicon*, que me enseñó a caminar en los caminos de Dios.

Y por supuesto, agradecerme a mí mismo, Junior. Aprovecho esta oportunidad para agradecerme por las madrugadas sin dormir, por los años dedicados al estudio del comportamiento humano, por los millones de NO que recibí y aún recibo en mi vida, por las humillaciones que sufrí, escuché y sentí, por las lágrimas derramadas a solas en el coche, en la pequeña oficina, en el espejo del baño, y por las pequeñas conquistas que celebré. Por todo esto, estoy agradecido.

¿POR QUÉ LEER ESTE LIBRO?

Este libro es mucho más que un simple guía de ventas. Es un viaje de autoconocimiento, crecimiento personal y superación de limitaciones. En él, encontrarás las claves para alcanzar el siguiente nivel en tu carrera, duplicar o triplicar tus ventas y llevar tu negocio a niveles inimaginables.

A lo largo de las páginas, serás desafiado a liberarte de la timidez y las creencias limitantes que te impiden alcanzar tu verdadero potencial. No será un viaje fácil, pero ten la certeza de que valdrá la pena. El objetivo de este libro es incitarte a actuar, a dar el primer paso hacia una vida digna y épica.

No importa si ya eres un profesional de ventas experimentado o si estás comenzando tu propio negocio, este libro es para todos aquellos valientes que deseen evolucionar y convertirse en los mejores en sus campos de acción.

En las siguientes páginas, encontrarás palabras que inspiran, historias cautivadoras, resultados reales y hechos concretos que demuestran que es posible alcanzar tus sueños y vivir una vida extraordinaria.

Así que, si estás dispuesto a enfrentar tus miedos, creer en ti mismo y abrazar la valentía necesaria para recorrer el camino del éxito, este es el mejor libro de ventas que has leído hasta ahora. Créelo, estás a punto de descubrir el poder que existe dentro de ti para conquistar todo lo que deseas y mereces.

Basado en las sabias palabras de nuestro querido mentor, el *PhD Paulo Vieira*, ***"lo que no tienes es porque no sabes, porque si supieras ya lo tendrías".*** Este libro explora la importancia de conocer aquello que aún no sabemos, ya que es precisamente esa búsqueda de conocimiento lo que nos permite alcanzar el éxito.

Sin tu deseo de querer saber qué hacer para vender más y querer ser el mejor, sin tu deseo de querer tener lo mejor en tu empresa o en ti mismo, no estaría escribiendo este libro. No se trata solo de ventas, es mucho más que eso, tú puedes y descubrirás tu propósito.

Todo ser humano quiere crecer, ganar más, vender más, porque está en nuestro ADN buscar evolucionar, y no solo eso, queremos ser los mejores en lo que hacemos cada día que pasamos en este planeta llamado Tierra. Espero que en las próximas páginas este libro te mueva y te afecte por completo, espero provocarte al punto de querer llevar una vida digna y épica.

Así que, si tiene sentido para ti querer llegar a otro nivel, duplicar o triplicar tus ventas, elevar tu negocio o tal vez simplemente iniciar tu propio negocio, sí, este libro es para ti. Esto no significa que será fácil, ¡de ninguna manera!

Desprenderse de la timidez, abandonar las creencias de que *"esto no es posible", "esto no funcionará"* o *"es muy difícil para mí"*, entre otras. Pero entiende que esto solo es posible literalmente para los VALIENTES, y aunque aún no te consideres uno, sigue hasta el final de este libro porque mi propósito es hacerte tener CORAJE, mucho CORAJE para vivir la vida de tus sueños, y todo eso lo traeré a través de palabras, historias, resultados y hechos reales presentados por este libro.

¡ESTE ES EL MEJOR LIBRO DE VENTAS QUE HAS LEÍDO HASTA AHORA, CRÉELO!

LAS PERSONAS
TIENEN MIEDO DE
LO QUE HAY
ADENTRO DE ELLAS
PERO ES EL
ÚNICO LUGAR
QUE VAN A
ENCONTRAR
LO QUE
NECESITAN

COMO LEER ESTE LIBRO?

Existen formas diferentes de leer un libro, y creo en este paso a paso que te voy a dar a seguir. Estoy seguro que si adoptas estos 3 pasos, aplicarás estas técnicas en todos los libros que leas a partir de ahora, así que presta mucha atención.

Detén tu lectura en este mismo momento y toma un marcador de textos, preferiblemente de un color llamativo, para resaltar o subrayar cualquier información que consideres importante y que tenga sentido para ti en tu vida.

¿Ya lo tienes? No me mientas. Ahora, vamos:

¿Por qué hacer esto? La razón es simple y obvia: tu cerebro identifica algunos patrones de alerta. Sabes cuando estás conduciendo en una carretera y llegas a una curva, de repente aparece un triángulo luminoso o una señal de mantenimiento en el camino, en ese momento tu mente activa el sentido de ALERTA, que normalmente trabaja cuando observas esa señal. Bueno, es por eso que vas a resaltar algunas cosas en tu lectura. Para que tu cerebro esté más atento a esa información. Y ahora te entrego la primera cosa que debes resaltar: nuestro cerebro solo retiene el 10% de toda la información absorbida de un libro. Así que, a partir de ahora, usa tu marcador como una herramienta, como un triángulo en tu coche. Si ya tienes este hábito, ¡felicidades! Ya estás un paso adelante para convertirte en un vendedor exitoso.

La segunda cosa que harás será al final de la lectura. Escribirás todos los puntos que resaltaste en tu libro en una hoja o cuaderno. Esta técnica, además de ayudarte a retener el 35% de toda la información absorbida, puede acelerar tu mecanismo de aprendizaje hasta 2 veces más que aquellos que leyeron el mismo libro pero no escribieron nada.

Ahora, entiende una cosa: es obligatorio que pongas en práctica el tercer y principal paso. A partir de ahora, todo lo que aprendas de este libro, tienes el deber de enseñárselo a otra persona, porque además de ser la mayor tasa de aprendizaje del ser humano, que es del 95% de la información retenida, es practicando o enseñando a otra persona que te enriqueces. Así que sinceramente, espero que sigas este paso a paso.

LA GUERRA SIEMPRE SERÁ INTERNA, LO RESTANTE SON SOLO FUEGOS ARTIFICIALES

QUE ÉS INTELIGENCIA COMERCIAL?

La inteligencia comercial en las ventas se refiere a la aplicación de estrategias y técnicas para recopilar, analizar y utilizar información relevante sobre el mercado, competidores, clientes y tendencias, con el objetivo de mejorar la eficacia de las actividades de ventas y potenciar el desempeño comercial.

En este contexto, la inteligencia comercial es fundamental para proporcionar a los profesionales de ventas valiosos conocimientos que les ayuden a comprender mejor el mercado en el que operan, identificar oportunidades de negocio, anticipar tendencias y tomar decisiones informadas.

Es trabajar de forma diligente, es trabajar menos pero con mayor asertividad, canalizando más energía y tiempo en producir, planificar y organizar estrategias más efectivas. En resumen, es el análisis estratégico para obtener mejores resultados. *"Planificar más y disparar menos"*.

Al invertir en inteligencia comercial, las empresas pueden obtener valiosos conocimientos sobre los mercados locales en los que operan, identificar oportunidades de crecimiento, anticipar tendencias y tomar decisiones estratégicas informadas.

Por lo tanto, la inteligencia comercial es una práctica esencial para las empresas minoristas multinacionales que desean mantenerse competitivas, adaptarse a las diversas realidades de los mercados en los que operan y lograr un éxito sostenible a nivel global.

La inteligencia comercial también puede aplicarse de manera efectiva en pequeñas empresas, ayudándolas a tomar decisiones informadas, mejorar sus estrategias de ventas y marketing, y alcanzar el éxito en su nicho de mercado.

Durante la lectura, aprenderás sobre roles importantes en el campo de las ventas y el comercio, inteligencia comercial, comportamiento humano y perfiles de público ideal, temas prioritarios para las grandes industrias.

SOBRE MI

En la actualidad, tengo 30 años y estoy casado con Camila, y soy padre de la princesa Aurora. Nací en la tríplice frontera, exactamente en la ciudad de *Foz do Iguaçu*, Paraná, Brasil, y no por casualidad viví 28 años en la ciudad vecina de Ciudad del Este, Paraguay, considerada la tercera zona comercial más grande del mundo, según la revista Forbes, solo detrás de Miami y Hong Kong.

Desde temprana edad, comencé como vendedor, con solo 9 años, viendo a otros niños jugar en la plaza con sus bicicletas. Mi primo y yo decidimos que también merecíamos tener una bicicleta. Nuestro primer objetivo fue comprar golosinas con el dinero de nuestras mesadas en el supermercado para vender en la calle. Después de innumerables ventas, notamos que nuestro capital aumentaba, pero de manera muy lenta. Insatisfechos después de una semana de trabajo, decidimos comprar un kit de joyas *(de juguetes obviamente)* para que mi prima pudiera producir pulseras y cordones en artesanías y así venderlas en el edificio donde vivíamos para ganar dinero y comprar nuestras bicicletas.

No, definitivamente no nos hicimos millonarios ni creamos un negocio, de hecho, aprendimos que no fue una buena elección hacerlo. No vendimos ni el 50% de nuestro inventario de artesanías, y nuestra sociedad se disolvió en la primera crisis financiera de nuestra empresa, jaja.

Pero sin duda, esto me brindó un gran estímulo y aprendizaje, ya que es en las pérdidas y errores donde aprendemos mucho más.

Trabajé durante más de 16 años en ventas, haciendo ventas en mostrador, ventas externas, siendo supervisor de equipos de ventas y representante comercial, alcanzando títulos de mejor vendedor a nivel nacional dentro de multinacionales, entre otras conquistas.

Con toda esa experiencia en el campo, en el año 2020 conocí una metodología que hoy en día forma parte de mi vida. Sumando esta metodología con mi experiencia, decidí hacer la transición hacia mi pasión, que es entrenar a personas, ofreciendo consultorías, atenciones individuales y empresariales, superando la marca de 1,000 horas y convirtiéndome en un especialista en el tema, desarrollando el mejor entrenamiento de ventas de las Américas. En el cual, actualmente estoy trabajando y no tengo intenciones de detenerme pronto. **¡ESTO ES LO QUE ME MUEVE!**

EL ESCENARIO DE TU VIDA ES ALGO QUE TODOS VEN,

PERO DETRÁS DE LA ESCENA

SOLO TÚ CONOCES.

DETRÁS DE ESCENA

Aquí tienes la corrección en español:

No necesitas ser un genio, pero sabemos que incluso si somos el fan número 1º de un artista, es en los bastidores donde conocemos al artista de verdad, lo mismo se aplica a las ventas. Antes de vender cualquier cosa, debes empezar por los bastidores.

Cuando digo esto, me refiero a que debes conocer tu producto y servicio desde adentro. Saber cómo se fabrica, cómo se produce e incluso cómo llega al cliente final. Puedo asegurarte que, incluso en los días actuales, nadie conoce a nadie si no es en los bastidores. A veces, todo parece muy hermoso en las redes sociales o en la televisión, pero cuando se apaga la luz del espectáculo y se cierran las puertas, cuando estamos solos, es en ese preciso momento cuando nos relajamos y vivimos nuestra verdadera identidad, y quiénes somos realmente.

Y lo que quiero que hagas ahora es cerrar la puerta de tu negocio por un momento, detener tu trabajo y mirar hacia los bastidores, mirar hacia adentro, ya sea que seas un autónomo o un director ejecutivo de una multinacional, quien sea que seas, analiza bien tu negocio, pregúntate si tú mismo comprarías tu producto o contratarías tus servicios. Vamos, sé honesto, sé sincero, porque es en los bastidores donde empezamos.

Hay dos razones por las que las personas no venden más: o no confían en sí mismas, o no confían en su producto o servicio.

Empresas que hoy son multinacionales y startups comenzaron sus negocios en garajes, en coworkings, en lugares accesibles para la humanidad, porque no tenían nada que ocultar. Todo tiene su inicio de creación entre cuatro paredes o al aire libre.

Es hora de mirar hacia adentro, hacia tu equipo, de agradecer por los pequeños esfuerzos que han hecho por ti, de ser agradecido con tu creador, independientemente de tu religión, de ver cómo es tu negocio desde adentro. Incluso si estás solo, si eres un autónomo, también mereces ese reconocimiento. El valiente es aquel que comienza con lo que tiene, pero el sabio es aquel que conoce el futuro de los próximos 6 meses de su empresa.

Analiza fríamente dónde estás hoy, en qué etapa, antes incluso de comenzar con los procesos de ventas.

¿Sabías que las empresas exitosas saben cuánto crecerán durante todo un año? No superan la meta o techo establecido, ¿sabes por qué? Porque saben que si superan ese techo, no cumplirán con su excelencia y exigencia. Piensa en eso.

Crea este plan muy sencillo a continuación:

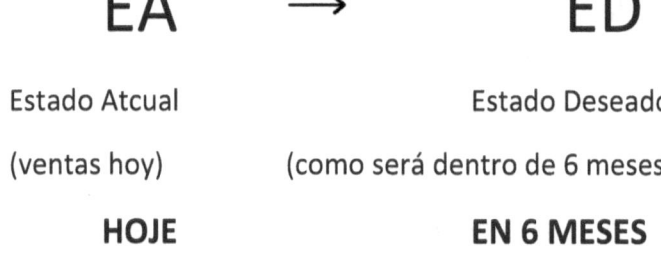

EA → ED

Estado Atcual   Estado Deseado

(ventas hoy)   (como será dentro de 6 meses)

HOJE   **EN 6 MESES**

Ejemplo: R$ 20.000 - R$ 100.000

Una vez que sabes dónde estás y dónde quieres llegar, es mucho más fácil escalar tus ventas, tu planificación se vuelve clara. Sin arreglar tus bastidores, no puedes dar un buen espectáculo, si me entiendes.

PARA TENER
LO QUE ES BUENO
PRIMERO
DEBES SABER
LO QUE ES
MALO

LOS HUMILLADOS SERÁN EXALTADOS

Entiendo que no debemos tomar esto de forma literal, ya que podría ser contraproducente. Cuando hablo de *"humillado"*, me refiero a aquellos que son humildes de corazón, no en el sentido de pasar vergüenza.

Quiero que sepas una cosa, al escribir y hablar para cientos, sino millones de personas, muchos de ustedes pueden pensar que mi vida estuvo llena de desafíos, pero no, lamento decepcionarlos, pero no soy alguien que vino de la pobreza y tuvo éxito, no soy un artista que sufrió dificultades, no soy un millonario que pasó hambre, nada de eso. De hecho, no cometas el mismo error que yo, creyendo que solo ese tipo de personas son los que tienen éxito o son ganadores.

Sí, pasé por muchas humillaciones, pero eso no significa que puedan ser humillantes para ti. Llegar hasta aquí no fue fácil. Tuve que superar muchas situaciones y objeciones.

Una de las reglas que aplico en mi vida hasta hoy es la regla 10/90. Esta regla se basa en una estadística real, el 10% de todo lo que sucede en mi vida está fuera de mi control, algunos eventos, tragedias, no están bajo mi responsabilidad, pero el otro 90% está bajo mi mando, soy yo quien decide qué hacer al respecto.

Entonces, si por ejemplo chocan mi auto, tal vez no esté bajo mi control evitarlo, pero el 90% está en lo que voy a hacer con lo que me ha sucedido. Tal vez un choque en tu auto pueda ser una gran oportunidad de negocios, una asociación exitosa, un cliente o incluso un matrimonio. Todo es posible dependiendo de tu reacción.

Hablando de reacción, quiero contarles cómo reaccioné en muchas de mis humillaciones en la vida, antes de profundizar en el tema de las ventas, ya que puede que te identifiques, el dolor conecta a las personas.

He pasado por dificultades financieras tremendas, y ¿por qué digo? Porque para un niño que tuvo una familia muy bien estructurada financieramente desde que nació, pasar por esto fue una humillación moral, diría.

Muchas veces en mi vida adulta recuerdo que no usé desodorante porque no tenía dinero para comprarlo. Hubo un momento en el verano de 2022 donde solo teníamos 2 ventiladores en casa, donde vivíamos mi hija, mi esposa y yo, no podíamos estar cada uno en una habitación porque no teníamos aire acondicionado y en el verano era insoportable. Sin contar cuántas veces llené el tanque de gasolina de mi auto con las monedas que guardaba de alcancía porque me quedaba sin combustible.

Ya trabajaba en lo que hago hoy, pero fue una época de transición donde dejé mi antiguo empleo como representante comercial de una empresa para vivir de mi pasíon, pero era tan orgulloso que no quería reconocerlo, incluso mis familiares más cercanos me ayudaron todos los meses durante un año entero, y lo peor, ni siquiera ahorraba para no pasar por esas dificultades. Porque quería insistir, quería hacerlo funcionar por fuerza, y justo porque toda mi vida escuché que esto no funcionaría, golpeaba mi cabeza contra la pared.

Hoy reconozco que no funcionaría si continuara con ese comportamiento, no de esa manera. Necesitaba construir una base sólida primero. No serviría de nada salir manejando un Ferrari si no aprendía a valorar mi propio auto más modesto.

Creo que si tú, al igual que yo, tuviste padres muy exitosos, ya naces con una carga y presión muy grande, y eso no te hace mejor *(como la mayoría de las personas piensan)*, es una carga que cargas incluso si no lo quieres, y eso me hizo tomar decisiones equivocadas desde muy temprano. Sediento por mi propio éxito y reconocimiento social, pasé momentos de mi vida preguntándome por qué solo me pasaban cosas malas si yo era tan *"bueno"* como pensaba.

Este pensamiento egoísta e individualista, de creer que todo debía ser a mi manera y cuando yo quisiera, solo me llevó a una conclusión, todo en este planeta llamado Tierra tiene un propósito.

Comenzaremos respondiendo esta pregunta. Para que quede claro para ti, este libro está dividido en 5 preguntas muy importantes y complejas, que te darán claridad para vender cualquier cosa a cualquier persona en cualquier lugar. Responderemos estas preguntas juntos a partir de ahora.

CUANDO APRENDAS A
ACEPTAR
LAS COSAS EN VEZ DE CREAR
EXPECTATIVAS
TUS
DECEPCIONES
SERÁN MENORES

POR QUÉ VENDES?

"Todos los que desean alcanzar algún día MIL MILLAS, deben comenzar con UN simple primer paso".

Tu porqué, es la pregunta más importante que tendrás que responder sobre tu producto o servicio, ya que das la razón de su existencia, el propósito real de tu negocio, y la razón por la que las personas comprarán o no de ti.

Entiende que para vender lo que vendes, hacer lo que haces y levantarte todos los días, debes tener un porqué muy fuerte. A continuación, listaré algunos ejemplos:

Ejemplo 1: Amazon Fue creada en 1994, después de que Jeff Bezos se despidiera de su trabajo. El objetivo estaba claro: crear una tienda de libros en línea. Desde el principio, el fundador de Amazon buscó ofrecer la mejor experiencia al cliente.

Ejemplo 2: Tesla Tesla es una empresa especializada en coches eléctricos fundada en 2003. El porqué de Tesla es muy claro: sostenibilidad. Elon Musk, CEO de la empresa, expresó su deseo de ayudar al mundo con temas de energía solar, viajes espaciales y hambre en el planeta.

Ejemplo 3*: McDonald's McDonald's Corporation es la cadena de restaurantes de comida rápida más grande del mundo, con unos 68 millones de clientes al día en 119 países a través de 37 mil puntos de venta. Fue fundada en 1940, casi hace 100 años, y lleva el título de la mayor red de comida rápida del planeta.*

Lo que McDonald's vende no son hamburguesas, ¡es tiempo! Su porqué era muy fuerte, querían entregar hamburguesas en un tiempo récord, algo que nadie había hecho antes. McDonald's fue el creador del término "comida rápida", y eso fue revolucionario.

En resumen, el porqué es el motivo por el que haces lo que haces. Responder esta pregunta es tan importante para tu negocio como para tu vida. No se trata solo de dinero, porque el dinero es el medio y no el fin de todas las cosas.

Los mejores emprendimientos y productos nacen de un porqué claro y fuerte. No importa si aciertas de primera, pero debes elegir un camino que tenga sentido para ti y para tu alma. No hay forma más digna de vivir que haciendo lo que amas hacer.

Descubrir tu porqué te dará un destino claro y seguro. Hacer lo que solo tú haces con excelencia es algo totalmente único, así que no uses el porqué de alguien más para perseguir tus sueños.

Tener un porqué claro y definido te dará la motivación para levantarte cada mañana y tener un día maravilloso de ventas o negocios. No importa cuál sea tu porqué, solo asegúrate de tener uno bien claro y definido, y con el tiempo, puedes ajustarlo a algo que tenga más sentido en tu vida.

En mi entrenamiento de ventas, uso algunas herramientas que ayudan a descubrir estas respuestas. Según los japoneses, el secreto está en encontrar tu *'IKIGAI'*, un concepto que puede traducirse como *"razón para vivir"*. Tener un 'IKIGAI' claro y definido proporciona satisfacción y propósito que justifican nuestra existencia, y para muchos, también es la clave de la longevidad.

VENCER SIGNIFICA NO
___
TENER MIEDO DE PERDER

QUIÉN ERES?

¿Qué piensas cuando la palabra 'vendedor' viene a tu mente?

VENCER + DOLOR = VENDEDOR

VENDEDOR = EL QUE TIENE CORAJE

Existen 2 tipos de personas que **NO VENDEN**: los que no creen en sí mismos y los que no creen en su producto o servicio.

 Sinceramente, ¿cuál de ellos has sido tú?

Continuando con la secuencia de la pregunta anterior, sigue el flujo en la misma línea. *¿Quién eres tú?* Todo el mundo quiere ser otra persona. *¿Alguna vez le has preguntado a otra persona sobre ti? Pregúntale, ¿quién soy yo?*

Y presta mucha atención a las respuestas, esto es lo que te define muchas veces, quizás no estés de acuerdo con las respuestas, pero son esas respuestas las que te definen la mayor parte del tiempo cuando no estás escuchando sobre ti. Entiende algo, no eres lo que tú crees que eres, pero tampoco eres lo que los otros digan, solo eres tus resultados. Si crees que eres un buen vendedor y tus colegas también lo dicen, pero no alcanzas las metas mensuales en la empresa o no estás entre los mejores, amigo, entiende que definitivamente no eres un buen vendedor. Tampoco te exijas tanto por los resultados de un período, un día, una semana, eso tampoco eres tú, tú eres mucho más que eso.

Pero observa desde afuera, *¿cuáles son las 5 palabras que te definen?*

Recuerda ser franco, los temas de los que más hablas o te gusta hablar, las 5 cosas que más te recuerdan, la ropa que más usas, la comida que más comes, la bebida que consumes con frecuencia, etc., ahora veamos.

Recuerda nuevamente, no eres lo que dices ser, ni lo que otros dicen que eres. Eres lo que haces y tus resultados.

¿Cuáles son tus resultados más recientes? ¿Despido tras despido? ¿O promoción tras promoción? ¿Destacado del mes? ¿Conversaciones con recursos humanos, faltas, ausencias, pérdidas, quiebra, crecimiento de tu empresa, aumento significativo de las ventas?

Lo único en lo que debes enfocarte son tus resultados, no importa lo que piensen o digan los demás. De hecho, si tienes resultados positivos, ten en cuenta que serás envidiado por muchos, a la mayoría de las personas les gusta verte bien, pero no mejor que ellas. Así que olvida los comentarios de colegas, superiores e incluso clientes, lo que importa son los contratos cerrados, las ventas en aumento, etc. **El cliente es la razón, pero no siempre tiene la razón**, si el cliente pide descuentos siempre, pero aún así sigue siendo tu cliente desde hace más de 2 meses o algo así, sinceramente, no está tan interesado en los descuentos, sino que está acostumbrado a pedir descuentos, déjalo hablar o mejor dicho, *"llorar"* jajaja. Por eso, es muy importante tu imagen, ya sea la de tu producto, tu servicio o tu empresa, cuídalo mucho, eso es lo que la gente nota, tus resultados.

IMAGEN = RESULTADOS

"Siempre estamos prometiendo algo, con nuestra ropa, nuestro corte de pelo, nuestra forma de comunicarnos y gesticular. Y toda promesa GENERA expectativas".

Ni siquiera necesito recordarte lo importante que es que te vistas bien y estés perfumado, mujeres inviertan en maquillaje, peinados y ropa, entiendan esto como una inversión, hombres también, si es necesario un traje, ropa formal, elegante. Una vez vi a un hombre vestido como un camarero vendiendo agua en una bandeja de plata en la calle, recuerdo haberlo visto antes que el producto que vendía, eso fue porque su imagen llegó antes que él. En esta etapa es tan importante entender que no es necesario gastar demasiado para proyectar una imagen positiva de ti mismo, pero sí es posible estar siempre bien presentado, en la medida de lo posible. Como dice un gran asesor de imagen al que sigo desde hace mucho tiempo, *Alexandre Taleb* -nunca gané dinero por vestirme bien, pero ya perdí muchas ventas y negocios por estar mal vestido o mal presentado. Invierte en ti, invierte en tu imagen, contrata a un asesor de imagen, un analista de perfil comportamental, un nutricionista, un coach, un entrenador personal, a veces nos da vergüenza pedir ayuda a estas personas porque demostramos debilidad, que no sabemos cuidarnos solos, y esto es completamente lo contrario. Cuando contratamos a profesionales así, mostramos cuánto nos importamos con nosotros mismos. ¡Y eso muestra quién eres! Pero Junior, es muy fácil para quien tiene dinero.

¿Vas a hacer solo lo más fácil y lo más barato para llegar a donde quieres llegar?

De acuerdo en que tal vez sea más desafiante para algunos, pero créeme que para obtener resultados diferentes tendrás que tomar acciones diferentes, no tiene que ser fácil, solo tiene que ser posible. Elige tu dificultad, pero *¡elige quién quieres ser!*

"NUNCA. Nunca creas en comentarios positivos sobre tu desempeño. Eres LO QUE HACES Y TUS RESULTADOS, los únicos comentarios son la audiencia y, sobre todo, los nuevos contratos cerrados".

MI RABIA DE
PERDER
ES
MAYOR
A MI ALEGRIA DE
GANAR

COMO VENDES?

Creo que hemos llegado a un momento crucial, quieres descubrir cómo hacer una venta, cómo elaborar las estrategias y técnicas correctas, bueno, terminemos con el suspenso entonces:

¡NO HAY SECRETOS!

Son simplemente estrategias utilizadas de diferentes maneras, pero **VENTAS** se resumen en 3 cosas *súper, hiper, mega importantes:*

Comunicación Asertiva, Resolución de Problemas y lo más importante de todos, **Relacionamiento con el cliente**. Si dominas estas 3 habilidades, sin lugar a dudas, dominas lo que es *VENDER*.

Ahora, para aquellos que tienen dificultades con la parte *'humanística'*, les dejo en la próxima página el formato de la metodología de ventas. Sigue este paso para alcanzar el éxito en las ventas de una forma orgánica y bien calificada, pero no te importes con orden, el sistema de ventas siempre será flexible al momento actual, más bien tiende a actualizarse constantemente.

RAPPORT · DIAGNÓSTICO · PROBLEMÁTICA · SOLUCIÓN

RELACIONAMIENTO · FIDELIZAR · ENCANTAR · REPETICIÓN

RAPPORT: Podría decir que es el punto más importante de la venta, pero no siempre CONSEGUIR causar una buena primera impresión, pero el *RAPPORT* es sin duda el 50% de una venta. Es cuando te conectas con tu cliente, es la primera impresión, por eso es tan importante tener una buena presentación, vestimenta adecuada, una sonrisa bien cuidada y perfumada, mujeres con buen maquillaje, cabello limpio, y un buen estado de ánimo también hace toda la diferencia. El *RAPPORT* es tu llegada, tu presentación, es la primera impresión, y no hay una segunda oportunidad para causar una buena primera impresión.

Y antes de que me preguntes, *¿qué pasa con las ventas por internet?* Cómo hacerlo. Con inversión, una buena cámara, un buen micrófono, un ambiente externo bien organizado y cuidado. Tener una buena comunicación en este estilo de ventas es excepcional, la transparencia y la confianza son muy importantes en este entorno.

DIAGNÓSTICO: Es cuando conoces más a fondo a tu cliente, entiendes sus problemas, cómo funciona su negocio, cómo está su vida, es muy importante tener una escucha activa para obtener la mayor cantidad de información posible, entender por qué no compró en la competencia, el hecho de que se tomó el tiempo para escuchar sobre tu negocio o servicio, entender lo que realmente es importante para él.

PROBLEMÁTICA: Es saber cuáles son los objetivos de tu cliente, entender cuál es la raíz de todos los problemas. Una vez, en una de mis ventas externas, un cliente quería cancelar el servicio de la empresa, alegando altas tarifas y tarifas de servicios, mostrando que la competencia tenía tarifas más altas y que él no quería cerrar con ellos, pero no tenía otra *'opción'* y mientras más escuchaba, más se desahogaba sobre como tan mal estaba la competencia. Al final de la conversación, le pregunté: Con todo esto que me estás diciendo de malo, *¿vale la pena hacer negocios con esa empresa?"*

Pero entendí que lo que realmente necesitaba era atención especial, era un cliente que tenía una *"carencia"*, de hecho, la atención al cliente era muy importante para él, y no las tarifas. Solo quería ser valorado como cliente, ser reconocido, y eso ocurre mucho, más del 50% de los clientes que cerré no lo hicieron por el precio. La gran mayoría dice que buscan precio, pero en realidad el precio no es lo más importante para ellos.

Por eso es importante enfocar-se en esta etapa y comprender cuál es realmente el problema del cliente, cuanto más claro sea el problema, más clara será la solución.

SOLUCIÓN: Aquí no hay muchos secretos, si concluyes claramente el paso anterior, simplemente ofrece la solución con los beneficios de tu producto o servicio como bonificación.

Pero si no está muy claro cuál es el problema del cliente, no hay problema, presenta todos los beneficios posibles de tu producto o servicio, y así encontrarás la necesidad del cliente a través de su reacción. Este atento a sus necesidades de comprender el beneficio cuando enumeres todos los beneficios de tu producto o servicio. Si se complica, vamos a un ejemplo;

Ayer en casa, solicité un electricista para resolver un problema con un enchufe de la cocina, ya que hubo un cortocircuito en cierto momento de una cena en un día de la semana. Me dieron el contacto de 3 electricistas, llamé a los 3, pero solo 1 me atendió, agendamos una visita y vino a mi casa a la hora acordada.

Cuando diagnosticó el problema, me presentó la solución con ciertas opciones, enumerando la opción 1 y la opción 2 con diferencias de precios y calidades, como valoro mucho la calidad, elegí la opción con calidad.

Durante el procedimiento, conversamos mucho, y me ayudó con otro problema que tenía en mi ducha, que no se calentaba en algunos días. Nuevamente, me diagnosticó el problema y me presentó dos posibles soluciones, pero me confesó que este tipo de servicio no lo realizaba, pero que podría recomendar a otro profesional de confianza. Cuando terminó con el enchufe, motivo por el cual vino, noté un conocimiento superficial en lo relacionado con cámaras y alarmas. Dado eso, tenía algunas cuestiones pendientes que resolver en mis cámaras y en la alarma de casa, nuevamente me diagnosticó posibles soluciones que podrían resolverse. Me emocioné tanto con la solución de mis problemas que a la hora de pagar no pedí descuento, ya que él no solo había solucionado el problema del enchufe, sino también de otros 3 sectores.

¿Qué dudas tienes de que este profesional será recomendado a otros amigos y clientes míos? Es fenomenal la actitud que tuvo.

Porque no solo tuvo un cliente en 3 sectores que yo no había identificado que me resolvería *(eléctrico, cámaras y alarma),* sino que también se convirtió en mi amigo por el conocimiento que me brindó esa noche.

OVERDELIVERY

El concepto de *"overdelivery"* tiene como objetivo superar las expectativas del cliente para crear una experiencia positiva y diferenciada.

Con el aumento de la competencia en el mercado y la creciente conciencia de los consumidores sobre sus derechos y opciones, las empresas se dieron cuenta de que ofrecer un buen producto o servicio ya no era suficiente para destacarse. Era necesario ofrecer algo más, algo que sorprendiera y encantara al cliente.

En este contexto, el *"overdelivery"* se convirtió en una práctica estratégica para mejorar la satisfacción del cliente, construir relaciones más sólidas y aumentar la lealtad a la marca. Al superar las expectativas de los clientes, las empresas pueden generar una experiencia positiva y memorable, lo que conduce a una mayor probabilidad de recomendación boca a boca y de repetición de compra.

Con la evolución del marketing y la tecnología, el *"overdelivery"* ha adquirido aún más relevancia. Las redes sociales y el poder de internet permitieron que las experiencias de los clientes fueran ampliamente compartidas, convirtiendo la reputación de la marca en un factor crítico para el éxito empresarial. Las empresas que logran superar las expectativas de los clientes a menudo son recompensadas con valoraciones positivas y un mayor reconocimiento en el mercado.

Hoy en día, el *"overdelivery"* es una práctica ampliamente adoptada por empresas en diferentes sectores y se considera un componente importante para el éxito en un mercado altamente competitivo y centrado en el cliente. Las empresas que buscan establecer una ventaja competitiva duradera y crear relaciones sólidas con los clientes deben considerar el *"overdelivery"* como una estrategia esencial en sus operaciones de ventas y atención al cliente.

Puedo relatar una experiencia de *"overdelivery"* en una concesionaria de automóviles de lujo en Florianópolis con un gerente amigo que me comentó que cada cliente que compraba un automóvil nuevo en la concesionaria pasaba por una especie de *"entrega extraordinaria"* o *"overdelivery"*, como lo llamo. El cliente completaba un formulario con algunas informaciones personales al finalizar la compra y los vendedores, en este caso encantadores, se encargaban de producir un escenario para la entrega del vehículo en un área especial de la empresa. Era una especie de sala de emociones, una sala privada con el automóvil cubierto, una poltrona y un televisor con música ambiental, donde se proyectaba una película sobre la vida del cliente, producida por la propia concesionaria a partir de la información recopilada. A menudo, amigos cercanos y familiares del cliente estaban presentes, y los clientes se emocionaban con la escena. Era una mezcla de emociones donde el impacto emocional era tan fuerte que rara vez el cliente abandonaba esa empresa. ¡Eso, mis amigos, es *"overdelivery"*! Los clientes no pagaban más por esto, no lo solicitaban y casi nunca sabían que lo experimentarían, ya que no estaba en el guion de compra de un automóvil, pero esa concesionaria generaba un *"overdelivery"* de sentimientos y emociones.

SI QUERES VOLAR CON LAS ÁGUILAS DEBES PARAR DE NADAR CON LOS PATOS

PARA QUIÉN VENDES?

Es importante entender algo antes de comenzar este módulo:

al menos el 90% de tus clientes NO están listos para comprar de ti en este momento. – Palabras que venden millones.

Existen dos razones que pueden llevar a esto, una es que tú seas el problema y la otra es que tu cliente lo sea. En el peor de los casos, puede ser ambas cosas al mismo tiempo.

Tu cliente tal vez no esté lo suficientemente educado para comprar tu producto, educado en el sentido de conocimiento. Puede que sea tan inexperto que ni siquiera sepa por qué está comprando algo, y eso no es bueno. Entiende que tu objetivo como vendedor es resolver los problemas de tus clientes, que a menudo ni siquiera saben que tienen. Por lo tanto, comprende el nivel de conocimiento técnico que tienen sobre tu producto o servicio.

Mucha gente cree que todo el mundo es su cliente, pero no se trata de eso, se trata de encontrar a todos tus clientes en cualquier lugar.

A menudo, el mayor desafío de los vendedores es buscar clientes en el lugar equivocado. Una simple pregunta que siempre me ha ayudado es: si yo fuera ese cliente, ¿dónde buscaría este producto?

Sin embargo, esa no siempre será la respuesta correcta. Es importante comprender el perfil de tu público objetivo e identificar los canales y lugares donde están más propensos a buscar información sobre el producto o servicio que ofreces. Además, es fundamental entender que no todos los posibles clientes estarán listos para comprar de inmediato. Es necesario desarrollar estrategias de relación y nutrición para guiarlos a lo largo del proceso de compra, proporcionándoles información relevante y generando confianza con el tiempo.

Al identificar que tus clientes pueden no estar preparados para la compra, es importante considerar las etapas del embudo de ventas y adaptar tu enfoque en consecuencia. En lugar de centrarte únicamente en la venta inmediata, busca crear una relación a largo plazo con tus clientes, brindando valor a través de contenido educativo, demostraciones del producto, testimonios de otros clientes satisfechos y otros recursos que les ayuden a comprender mejor los beneficios y la solución que ofreces.

Por lo tanto, para quién vendes dependerá de quién es tu público objetivo y dónde se encuentran. Identificar estos aspectos te permitirá dirigir tus esfuerzos de marketing y ventas de manera más efectiva, llegando a las personas adecuadas y nutriendo la relación hasta que estén listas para comprar.

SI CREES QUE ERES DEMASIADO PEQUEÑO PARA MARCAR LA DIFERENCIA, NUNCA HAS ESTADO EN UNA HABITACIÓN CON UN MOSQUITO!

PUBLICO OBJETIVO X PERSONA

El público objetivo y la persona son conceptos relacionados pero distintos en el contexto del marketing y las estrategias de negocio.

Público objetivo: El público objetivo es una definición más amplia y general de un grupo de personas a las cuales una empresa o marca desea alcanzar con sus productos o servicios. Es una segmentación amplia del mercado basada en características demográficas, geográficas, conductuales, entre otras. Por ejemplo, el público objetivo de una empresa de ropa deportiva puede ser hombres y mujeres jóvenes, entre 18 y 35 años, que practican actividades físicas regularmente.

Persona: La persona, en cambio, es una representación más específica y detallada de un cliente ideal dentro del público objetivo. Es una personificación ficticia que incorpora características, necesidades, deseos, comportamientos e incluso nombre y foto de un cliente típico. La persona se crea en base a investigaciones y datos reales sobre el público objetivo y sirve como una herramienta para profundizar la comprensión de los clientes potenciales. En el ejemplo de la empresa de ropa deportiva, una de las personas puede ser "Carlos", un hombre de 25 años, estudiante universitario, que practica levantamiento de pesas regularmente, busca ropa de calidad y cómoda para el gimnasio, y está dispuesto a gastar un poco más para sentirse bien y destacar durante los entrenamientos.

En resumen, el público objetivo es una segmentación más amplia del mercado, mientras que la persona es una representación detallada y específica de un cliente típico dentro de ese público objetivo. La creación de personas ayuda a las empresas a comprender mejor las necesidades y preferencias de los clientes, lo que les permite desarrollar estrategias de marketing más efectivas y ofrecer productos y servicios que satisfagan de manera más personalizada las demandas del mercado.

Me gusta ejemplificar en mi entrenamiento de ventas que la persona del público objetivo es su cliente ideal. Ahora imagina al cliente ideal de tu negocio, tal vez ya lo tengas, trae su nombre, edad, situación financiera, dónde vive, cuántos hijos tiene, si está casado, reúne la mayor cantidad de información posible y con eso crea una base del cliente ideal. Busca "personas" que se asemejen a él, dónde viven, dónde trabajan, sigue el flujo y aumentarás las posibilidades de encontrar más clientes ideales para tu negocio.

EL MÉTODO DE LA CONVERSIÓN

Un día, estaba en una red social y no había vendido nada, pero tenía muchos contactos; mi audiencia era efectiva y en ese momento me resistía al marketing digital *(jaja, hoy ya no cometo ese mismo error)*. Pero recuerdo muy bien que decidí crear un mensaje estándar para programar reuniones y presentar mi trabajo, los interesados solo tenían que responder *"sí, quiero"*. Lo peor es que hice esta lista de difusión manualmente, *jaja*. Me llevó días, semanas enviar a todos mis 3,000 seguidores hasta entonces.

Después de 3,000 mensajes, mi resultado fue catastrófico en conversión, solo se agendaron 9 reuniones, de las cuales 3 comparecieron, y en una de esas reuniones había 2 parejas que creyeron en este loco y lo hicieron realidad. *¡boom!*

Mi primer entrenamiento iba a suceder, y en ese momento ya tenía resultados individuales con mis programas, así que no faltaban pruebas sociales. El 7 de septiembre de 2022 lancé mi primer entrenamiento presencial, y desde entonces nunca más me detuve.

Sí, combinar una lista de oportunidades con visitas agendadas es un buen método de conversión de ventas. Aquí hay un paso a paso y algunas razones por las cuales este enfoque puede ser efectivo:

Enfoque en la cualificación: una lista de oportunidades bien segmentada está compuesta por contactos que ya han mostrado algún interés en tu producto o servicio. Esta pré calificación puede aumentar la probabilidad de éxito en las ventas, ya que te estás centrando en clientes potenciales que son potencialmente más receptivos.

Personalización: con base en la información de la lista de oportunidades, puedes personalizar tus enfoques de ventas y ofrecer soluciones relevantes para las necesidades y deseos específicos de cada cliente potencial. Esto mejora la experiencia del cliente y demuestra atención a los detalles.

Agendar visitas: al programar visitas con clientes potenciales cualificados, tienes la oportunidad de tener un contacto más directo y personal con ellos. Durante la visita, puedes responder preguntas, aclarar dudas y crear una relación más cercana.

Construir confianza: la programación de visitas demuestra profesionalismo y compromiso con el cliente potencial. Esto puede ayudar a construir confianza, ya que el cliente potencial percibe que estás dedicando tiempo y esfuerzo para comprender sus necesidades y ofrecer una solución adecuada.

Demostración del producto o servicio: una visita programada puede incluir la oportunidad de demostrar tu producto o servicio directamente al cliente potencial, permitiéndole ver cómo tu oferta puede ser beneficiosa y resolver sus problemas.

Mencionaste que vendes productos físicos. En ese caso, cambiamos un poco el enfoque hacia otra dirección. Este paso a paso que seguiré a continuación se realiza orgánicamente, es decir, no necesitas invertir en marketing digital al principio (aunque no descarto su uso).

1. **Escoge influenciadores:** aliarte con *influencers* relevantes de tu nicho puede ayudar a ampliar el alcance de tus productos hacia un público cualificado; muchas veces, no necesitas invertir dinero, ya que muchos aceptan permutas como forma de pago (productos).

2. **Reseñas y testimonios:** si ya tienes clientes satisfechos, anímales a dejar reseñas y testimonios positivos sobre tus productos. Las opiniones de los clientes tienen un gran impacto en las decisiones de compra de otros potenciales compradores.

3. **Ofertas especiales:** esto es lo básico. Descuentos, envío gratuito o regalos son ejemplos de incentivos que pueden aumentar las tasas de conversión.

4. **Participación en eventos locales:** si tu negocio tiene una presencia física, participar en eventos y ferias locales aumentará la visibilidad de tu marca y tus productos, lo que puede hacer toda la diferencia al encontrar a tu público objetivo.

5. **Programa de afiliados:** considera crear un programa de afiliados donde otras personas puedan promocionar tus productos a cambio de comisiones por cada ventas.

Un ejercicio que siempre hago en mi entrenamiento de ventas y por el cual la gente siempre me agradece es una herramienta para elegir tu ecosistema, lo cual marca la diferencia.

Ya sea un producto o un servicio, puedes elegir qué estrategias utilizar, y muchas de ellas pueden funcionar en conjunto. Siéntete libre de hacerlo, pero nunca descartes invertir en una agencia capacitada en marketing, desarrolla el branding, la paleta de colores y todo lo que refleje la comercialización visual, auditiva y sinestésica de tu producto o servicio, ya que también será un impulsor de las ventas.

ES IMPOSIBLE
TENER
PROGRESO
SIN CAMBIO,
EL QUE
NO PUEDE
CAMBIARSE
A SI MISMO
NO CAMBIA NADA

QUÉ VENDES ?

Podemos vender el mismo producto por el precio de R$ 30 y otro por R$ 3 millones, ¿que ofrecen el mismo resultado?

¡SÍ!

Un ejemplo clásico son los relojes *ROLEX* y *CASIO*. Uno ofrece **PRECIO** y el otro ofrece **STATUS**. Entregan el mismo resultado, pero de formas totalmente diferentes.

Ahora, haz una lista de los 25 beneficios que tu producto o servicio tiene en una hoja. Esto servirá como guía para tu discurso de venta porque la **ESPECIFICIDAD GENERA CURIOSIDAD**, y eso es importante para tu cliente.

Cuando escribas tu lista de beneficios, te darás cuenta de que entregas mucho más de lo que imaginabas. Además de entender con mayor claridad tu producto, te darás cuenta de que hay varios otros puntos fuertes en él, y tal vez solo te estés enfocando en un beneficio.

Cuando vendes, por ejemplo, un corte de cabello, puedes estar ofreciendo mas que un corte, una *"mejora de autoestima",* una hora de *"relax"* y otros puntos más, como *"higiene".*

Lo que es importante llevar en cuenta es que, beneficios no siempre es lo mismo que hechos.

Ejemplo; El auto con 5 lugares - eso es un hecho

"El auto que tiene espacio para toda tu compra del super" – Es un **beneficio**, pues no todos los autos de 5 lugares tienen espacio para la compra del super.

Ahora es tu turno, coloca todo en la lista de lo que tu producto o servicio vende. No te limites, ya que descubrirás algunos tesoros.

Cuando di un ejemplo a un cliente que tenía una barbería, él entendió que vendía conocimiento, y saben qué hizo? Comenzó a ofrecer cursos para barberos principiantes y avanzados, y acompañamiento para otros barberos. Esto dio lugar a un nuevo producto en su empresa, algo que no hacía antes, que era brindar apoyo a colegas de la misma profesión. Tal vez lo mismo te suceda a ti, podrías aumentar tus fuentes de ingresos de manera exponencial.

Al identificar y detallar los 25 beneficios de tu producto o servicio, tendrás una visión holística del valor que ofreces a tus clientes. Cuando haces un abordaje minucioso te permitirá resaltar aspectos que antes pasaban desapercibidos, abriendo puertas a oportunidades inexploradas.

Al igual que en el ejemplo de la barbería, al darse cuenta de que estaba vendiendo mucho más que un simple corte de cabello, el cliente pudo diversificar sus ofertas y explorar nuevos nichos de mercado. Esta ampliación de perspectiva resultó en una transformación de su empresa, con fuentes de ingresos adicionales que impulsaron su crecimiento.

Entender profundamente el valor que proporcionas a los clientes y comunicar estos beneficios de manera específica es la clave para despertar la curiosidad e interés de tu público. Al desarrollar un discurso de venta cautivador, podrás conectarte genuinamente con tus clientes, mostrándoles cómo tu producto o servicio realmente puede satisfacer sus necesidades y deseos.

Nunca subestimes el potencial de lo que ofreces. Al explorar tu lista de beneficios, puedes descubrir tesoros escondidos que diferenciarán tu marca de la competencia y te llevarán al siguiente nivel de éxito.

Recuerda, las posibilidades son vastas y al conocer plenamente el valor que entregas, estarás preparado para identificar nuevas oportunidades y crear caminos para expandir tus negocios más allá de lo que imaginabas inicialmente. Déjate llevar por este viaje de descubrimiento y atrévete a explorar nuevos horizontes para alcanzar el crecimiento exponencial que deseas.

Además, será mucho más fácil vender tu producto o servicio de esta manera en adelante, especialmente los nuevos productos y servicios que implementes.

SI YA
ME
COSTÓ
LA PAZ,
YA ME
COSTÓ
MUY
CARO

POST VENTA

El servicio postventa es una etapa crucial en el proceso de relación con el cliente y desafía la concepción de que la venta se cierra en el momento en que el producto es adquirido o el servicio es contratado. En realidad, el servicio postventa es tan importante como las etapas anteriores, ya que es donde la empresa demuestra su compromiso con la satisfacción del cliente y busca construir una relación a largo plazo.

El mejor ejemplo que he tenido de un servicio postventa ejemplar fue el de un colega de una pizzería, donde el pizzero llamó al cliente el viernes por la noche, dirigiéndose a él por su nombre, pidiendo disculpas por la molestia y atreviéndose a decir que no había recibido ningún pedido de pizza de su parte en los últimos 20 días, y le gustaría saber si todo estaba bien. El cliente respondió que sí, y el pizzero continuó diciendo que acababa de poner una pizza con los mismos sabores que siempre pedía en el horno, y que si quisiera, en 15 minutos la pizza estaría en la puerta de su casa.

Resumiendo, el cliente confirmó este irresistible pedido del pizzero, por supuesto. Esto no es solo preocupación y empatía con el cliente, es más que un servicio postventa, es una forma de fidelizar al cliente. El servicio postventa tiene mucho que ver con la transparencia y la fidelización de su cliente.

Acostúmbrese a actuar con el servicio postventa, envíe un mensaje de agradecimiento después de una compra, haga una llamada para asegurarse de que el pedido de su cliente llegó bien, solicite comentarios o evaluaciones; esto lo ayudará a construir el éxito de su empresa, producto y servicio.

PRECIO

Cierta vez, consulté a un experto en desarrollo humano y le dije que mi servicio no era solicitado porque el precio era muy alto. La respuesta que me dio fue completamente transformadora y creé una analogía sobre los precios que nunca olvidé. Él me dijo: *"si no estás vendiendo tu servicio, ¡sube el precio!"*. En ese momento, me surgió una pregunta en la mente, ya que esto no tenía mucho sentido para mí. Pero él insistió: *"claro, sube el precio sin miedo. Las personas valorarán más un servicio más caro, no simplemente porque es más caro, sino por curiosidad o para entender por qué es más caro"*. Y puedo decir que una frase se me quedó grabada: *"mi producto/servicio puede ser para todos, pero no todos son para mi producto/servicio"*.

Después de ese episodio, nunca más tuve dificultades para establecer precios para mis productos/servicios. El precio de un producto o servicio no es el único factor que influye en la velocidad de tus ventas. Hay muchos otros elementos que pueden afectar el proceso de compra del cliente. A continuación, explicaré algunos puntos importantes relacionados con esto:

Valor percibido: el valor percibido del producto juega un papel crucial en las ventas. Incluso si un producto es más caro, si los clientes creen que ofrece beneficios, calidad superior o soluciones para sus problemas, estarán dispuestos a pagar más.

Demanda y oferta: la demanda del producto y su disponibilidad en el mercado también afectan las ventas. Si un producto es muy buscado y la oferta es limitada, las ventas pueden ser más rápidas, incluso si el precio es alto.

Segmento de mercado: el público objetivo del producto es un factor importante. Para algunos segmentos, un precio alto puede ser visto como un signo de exclusividad y estatus, lo que puede aumentar la demanda. Sin embargo, en otros segmentos, un precio alto puede alejar a los clientes.

Competencia: la presencia de productos competidores con precios más bajos puede influir en la velocidad de venta de un producto más caro. Si la competencia ofrece productos similares a un precio más bajo, esto puede afectar negativamente las ventas.

Marketing y reputación de la marca: la forma en que se comercializa el producto y la reputación de la marca también tienen un impacto en las ventas. Una marca bien establecida con una buena reputación puede vender productos más caros con mayor facilidad, ya que los clientes confían en la calidad y el valor de la marca.

Percepción del valor: el valor percibido del producto es más importante que el precio en sí. Si el cliente percibe que el producto ofrece beneficios significativos y satisface sus necesidades, estará dispuesto a pagar un precio más alto.

En resumen, el precio es solo uno de los muchos factores que influyen en las ventas de un producto. El valor percibido, la demanda y oferta, el segmento de mercado, la competencia, el marketing y la reputación de la marca también desempeñan roles importantes en el éxito de las ventas de un producto, independientemente de su precio. Es importante encontrar el equilibrio adecuado entre el precio y el valor percibido por el cliente para maximizar las ventas y el éxito del producto en el mercado

EFECTO DECOY

El efecto *decoy*, también conocido *como "efecto cebo" o "paradoja de elección",* es un fenómeno psicológico en el que la presencia de una tercera opción, aparentemente menos atractiva, influye en la decisión de elección entre otras dos opciones.

Este efecto se utiliza comúnmente en estrategias de fijación de precios y marketing para influir en el comportamiento del consumidor y aumentar la probabilidad de que elija una opción específica, generalmente aquella que es más rentable para el vendedor.

El efecto *decoy* funciona de la siguiente manera: cuando se presentan dos opciones a los consumidores, estos pueden sentirse indecisos o tener dificultades para elegir entre ellas. Sin embargo, cuando se introduce una tercera opción que está diseñada para ser menos atractiva que las otras dos, esta crea una referencia comparativa que hace que una de las dos opciones originales sea más atractiva en relación con la tercera.

Por ejemplo, supongamos que un vendedor de palomitas de maíz ofrece dos tamaños: pequeño *(R$ 3,00)* y grande *(R$ 7,00)*. Los clientes pueden tener dificultades para decidir qué tamaño elegir. Para aplicar el efecto **decoy**, el vendedor agrega una tercera opción, un tamaño mediano por *R$ 6,50*. En este escenario, la opción *"grande" (R$ 7,00)* puede parecer más atractiva en comparación con el *"mediano" (R$ 6,50)*, lo que lleva a los clientes a optar por el tamaño grande, aunque inicialmente estuvieran considerando el pequeño.

El efecto **decoy** explora la tendencia humana a tomar decisiones basadas en comparaciones y referencias relativas. Destaca la importancia de cómo se presentan las opciones y cómo la elección puede verse influenciada por la adición de una alternativa menos atractiva para guiar el comportamiento del consumidor. Es una herramienta poderosa en estrategias de marketing y ventas, pero debe utilizarse de manera ética y transparente para no perjudicar la confianza de los clientes en este ejemplo a seguir, hubo una pesquisa con ofertas de una empresa, con el efecto *decoy*, querían saber como funciona el cerebro humano, para una decisión de 2 y 3 opciones. Mayor parte del público optó por la decisión que es influenciada por ventaja, comprando la oferta *A*, sienten que estarán *"ganando 2 productos por una solo oferta"*

Pero cuando sacamos el efecto *decoy*, nuestro cerebro trabaja de forma diferente. Siendo así, los clientes optaron por la oferta **B**, condicionando elegir el *"más barato"*.

EL MEJOR VENDEDOR DEL MUNDO

Determinar quién ha sido el *"mejor vendedor del mundo"* es una tarea difícil y subjetiva si se toma literalmente, ya que hay muchos profesionales de ventas exitosos e influyentes en diversas áreas y sectores. Además, el éxito de un vendedor puede medirse de varias maneras, como el volumen de ventas, los ingresos generados, el impacto en la industria o la innovación en las estrategias de ventas.

Ciertamente, hay algunas referencias en el mundo de las ventas, como *Zig Ziglar*, quien fue un famoso orador motivacional y autor de libros sobre ventas y desarrollo personal. *Brian Tracy, (aún vivo mientras escribo mi libro)*, es un escritor y conferencista reconocido internacionalmente en ventas, autodesarrollo y liderazgo. *Joe Girard* fue conocido como *"el mejor vendedor de autos del mundo"* por *el Guinness World Records*, debido a sus impresionantes ventas de automóviles a lo largo de su carrera. *Grant Cardone* es un empresario, autor y conferencista en ventas, con una fuerte presencia en el sector inmobiliario y el desarrollo de negocios.

Mary Kay Ashe, no solo es renombrada por ser una mujer destacada en el mundo de las ventas, sino que también fue la fundadora de *Mary Kay Cosmetics*. Se destacó por su enfoque único en las ventas directas y su impacto positivo en la vida de las mujeres emprendedoras. Se convirtió en un referente para todas las mujeres y hombres del mundo, y su empresa aún hoy es reconocida mundialmente como un negocio exitoso.

Sin embargo, es importante destacar que la excelencia en ventas no se limita a unas pocas personas famosas. Hay innumerables vendedores talentosos y exitosos en todo el mundo, en diferentes sectores y contextos. El éxito en las ventas se logra a través de habilidades, dedicación, conocimiento del producto o servicio, empatía y muchos otros factores que contribuyen a construir una carrera exitosa en esta área.

Lo que quiero enfatizar es que tienes el potencial para figurar entre los mejores vendedores del mundo. Aunque no existe un título oficial de *"mejor vendedor del mundo"*, esta profesión es verdaderamente única y mágica, lo que la hace difícil de cuantificar.

Por este motivo, te motivo a convertirte en el mejor vendedor posible y dejar una marca significativa en el mercado.

Cualquier vendedor que alcance sus metas, entregue resultados y desarrolle relaciones sólidas con sus clientes, capaz de vender prácticamente cualquier cosa en cualquier lugar, sin duda merece el honroso título de ser uno de los mejores vendedores del mundo.

Ese sentimiento de determinación es la clave para abrir las puertas de innumerables oportunidades en tu carrera. Y hablando de oportunidades, en el próximo capítulo, revelaré un embudo transformador que puede impulsar tus ventas.

Existe un lema que admiro y sigo con convicción, el mismo seguido por grandes atletas y personas exitosas: *"Practicar, practicar hasta convertirse"*. Así como un atleta se prepara incansablemente para competiciones importantes, tú debes prepararte para destacar en las ventas. Asume la disciplina, la energía y el brillo de un verdadero campeón en tu campo de acción, porque a partir de ahora, *¡harás lo mismo!*

Dedícate a estudiar, participa en entrenamientos, cursos, lee libros y mira videos relevantes. Hay una infinidad de formatos para adquirir conocimiento, pero la esencia fundamental es **CREER EN TI MISMO POR ENCIMA DE TODO Y DE TODOS**.

"Y dijo Dios: *Hagamos al hombre a nuestra imagen, conforme a nuestra semejanza; y ejerza dominio sobre los peces del mar, sobre las aves del cielo, sobre los ganados, sobre toda la Tierra, y sobre todo reptil que se arrastra sobre la Tierra.*

Génesis 1:26

Respira hondo y abraza esto como parte integral de tu identidad como vendedor de alto rendimiento. Al interiorizar esta creencia, te convertirás en una fuerza imparable en el mundo de las ventas. El camino hacia el éxito depende de tu compromiso con tu desarrollo personal y profesional. *¡Cree en ti mismo y desbrava el camino hacia la cima!*

PUEDO HACERTE RESPONSABLE DE TUS ACCIONES, PERO, YO SOY EL ÚNICO RESPONSABLE DE MIS SENTIMIENTOS

DISCUSO FINAL DEL PRODUCTO/SERVICIO

En el mundo competitivo de las ventas, la búsqueda de la excelencia es constante. A lo largo de este libro, hemos explorado los secretos y estrategias de los mejores vendedores, revelando las claves para el éxito en el mercado actual.

Ahora es el momento de consolidar todo ese conocimiento en un poderoso, memorable e impactante "pitch" que transformará la forma en que abordas las ventas.

Imagínate frente a una audiencia de potenciales clientes, solo tienes unos minutos para cautivar, persuadir y captar su atención. Es en este momento donde el poder de tu *"discurso de venta"* se hace evidente. Basándonos en las ideas de los mejores vendedores del mundo, crearemos un *"discurso"* inolvidable que abrirá puertas, cerrará negocios y te destacará como un verdadero maestro de las ventas.

Primero, comienza con una frase impactante que llame la atención del público y despierte su curiosidad. Utiliza una estadística impactante, una pregunta provocativa o una afirmación sorprendente para capturar instantáneamente la atención de los oyentes. Como en *Shark Tank*, donde las personas siempre comienzan con una frase, pregunta o provocación. Recuerda, solo tienes 5 segundos para causar una buena primera impresión.

A continuación, preséntate de manera convincente, resaltando tu experiencia, resultados comprobados y la credibilidad que te respalda. Muestra a tu audiencia que eres un experto en tu segmento y que tienes el conocimiento necesario para ayudarlos a alcanzar sus objetivos *(recuerda el capítulo "quién eres")*.

Ahora es el momento de compartir la esencia de tu oferta. Sé claro y conciso al describir los beneficios únicos de tu producto o servicio. Enfócate en los resultados que tus clientes pueden lograr al elegir trabajar contigo. Presenta ejemplos reales de éxito, testimonios impactantes y números impresionantes que respalden el valor de lo que ofreces.

No olvides abordar las principales objeciones que tus potenciales clientes puedan tener. Anticipa y responde a las preocupaciones más comunes, mostrando cómo has superado esos obstáculos en el pasado y cómo estás preparado para ayudarlos a superarlos también.

Además, involucra emocionalmente a tu público. Conéctate con ellos a un nivel más profundo, mostrando que comprendes sus necesidades, deseos y problemas. Cuenta historias cautivadoras de éxito que despierten emociones positivas e inspiren confianza.

Finalmente, cierra tu *"discurso"* con una llamada a la acción clara y persuasiva. Da a tus oyentes el siguiente paso a seguir, ya sea agendar una reunión, visitar tu sitio web, realizar una compra o contactarte de inmediato. Sé directo, convincente y ofrece incentivos para estimular una acción inmediata.

Recuerda practicar tu *"discurso"* con anticipación, asegurándote de que tu discurso sea fluido, confiado y cautivador. Entrena el ritmo, la entonación y el lenguaje corporal para transmitir seguridad y entusiasmo.

Con este poderoso *"discurso"*, estarás preparado para enfrentar cualquier desafío de ventas. Aplica estas estrategias, adáptalas a tu estilo personal y conviértete en un vendedor excepcional.

Tienes el poder de influir, persuadir y conquistar. Aprovecha esta oportunidad y sé el protagonista de tu camino hacia el éxito en las ventas. El mundo te está esperando.

¡Ahora, es hora de marcar la diferencia!

EL FIN DEL CICLO DE LA INSATISFACIÓN

Tu cerebro no distingue lo que es real de lo que es imaginario. Por eso es muy importante que a partir de hoy celebres cada logro tuyo, cada venta, cada contrato cerrado y hagas eso un hábito.

Cuando no lo haces, le muestras a tu cerebro que ha cumplido la misión dada y él no queda satisfecho. No importa lo que hagas, nunca te sentirás satisfecho.

Eso no es rendimiento alto en ventas. Ser demasiado exigente no es saludable para ti ni para tu equipo. Al celebrar tus victorias, envías señales positivas a tu cerebro, lo que contribuye a la sensación de logro y satisfacción personal.

Para lograr un rendimiento alto en ventas, es fundamental encontrar el equilibrio entre la ambición y la gratitud. Ser demasiado exigente contigo mismo puede llevar a la autocrítica excesiva y a la insatisfacción constante, perjudicando tu motivación y bienestar emocional.

El proceso de venta es un viaje que requiere paciencia y dedicación. Aprende a valorar cada etapa del camino y ve el progreso diario como una victoria. Celebra no solo grandes negocios cerrados, sino también pequeñas metas alcanzadas y avances conquistados.

Comprende profundamente lo que vendes, cómo lo haces, para quién lo haces y, sobre todo, por qué lo haces. Conectarte con tu propósito real como vendedor te permitirá tener una motivación auténtica y una visión clara de tus objetivos.

Acepta que no todos los días serán perfectos, y 90% de los clientes **NO** están listo para comprar de ti ahora y eso es completamente normal. Permítete aprender de las dificultades y fracasos, transformándolos en oportunidades de crecimiento y mejora.

Recuerda siempre reconocer el valor de tus habilidades y del trabajo que realizas. La autoestima y la confianza en uno mismo son fundamentales para el éxito en ventas y para mantener una mentalidad positiva.

Al adoptar una actitud de gratitud y celebración por tus logros, desarrollas una perspectiva más saludable y motivadora. Esto no solo impulsa tu desempeño profesional, sino que también contribuye a tu bienestar general, permitiéndote disfrutar del proceso de ventas y alcanzar un alto nivel de satisfacción personal y profesional.

NEGOCIO CERRADO!

En el último capítulo de este libro *bestseller* de ventas, hemos llegado a la cima del viaje hacia el éxito comercial. Basándote en décadas de experiencia y estudios profundos, has aprendido el arte de vender con maestría, dominando las técnicas esenciales que impulsan tus ventas a niveles extraordinarios.

Cada página de este libro ha sido meticulosamente concebida para capacitarte y ayudarte a alcanzar el alto rendimiento que siempre has deseado. A lo largo de esta trayectoria, has descubierto la importancia de comprender al cliente, cultivar la empatía y entregar un valor genuino.

Ahora es el momento de reflexionar sobre tu viaje y las transformaciones que han ocurrido dentro de ti. Te has convertido en el protagonista de tu propia historia de éxito. Y qué grandiosa historia se ha vuelto!

Recuerda que el aprendizaje no se detiene aquí. El camino hacia la excelencia en ventas es continuo y demanda un compromiso constante. Sigue evolucionando, abraza nuevos desafíos y mantente abierto a mejorar tus habilidades.

Siempre ten presente que el éxito no se mide solo por las ventas, sino por la satisfacción del cliente y el legado que construyes a lo largo del tiempo.

Con la confianza fortalecida, la dedicación incansable y el conocimiento adquirido, estás listo para conquistar un lugar destacado en el mundo de las ventas.

Avanza con valentía, determinación y pasión por lo que haces. Eres el autor de tu propia historia de éxito en ventas, y las posibilidades son infinitas.

Así, termino este libro con un mensaje de gratitud e inspiración. Que cada desafío se convierta en oportunidad y que cada venta sea un paso hacia la realización de tus sueños.

Felicidades, vendedor de alto rendimiento. Eres el protagonista de un *bestseller* que nunca será olvidado. Porque, después de todo, incluso para **ser el mejor escritor de ventas de todos los tiempos, necesité a los mejores lectores**.

CLÁUSULA DEL CONTRATO

Estimado lector,

A lo largo de este viaje, te embarcaste en una experiencia única de conocimiento y transformación en el mundo de las ventas. Cada página de este libro fue cuidadosamente diseñada para capacitarte e inspirarte a convertirte en un vendedor de alto rendimiento.

Ahora, te invito a ser parte de algo aún más grande. Comparte este viaje con aquellos que te rodean, porque el conocimiento es un poderoso regalo que merece ser compartido.

Al recomendar este libro a tus colegas de trabajo, amigos y familiares, no solo les ofreces una lectura enriquecedora, sino que también les das las herramientas para alcanzar sus metas y lograr nuevos niveles en sus carreras.

Imagina el impacto que puedes tener al ayudar a otras personas a mejorar sus habilidades de ventas, alcanzar su independencia financiera y destacar en sus campos de acción.

Recuerda que el conocimiento no tiene límites, y al compartirlo, te conviertes en parte de una cadena positiva de crecimiento y desarrollo personal.

Sé el protagonista en la difusión de este mensaje, abriendo puertas para nuevas oportunidades e inspirando a otros a recorrer el camino del éxito en ventas.

Juntos, podemos construir una comunidad de vendedores de alto rendimiento, capacitados y motivados para enfrentar desafíos y lograr resultados extraordinarios.

Por lo tanto, permite que este libro sea el comienzo de un viaje compartido, donde cada recomendación que hagas se convierta en una semilla de conocimiento, sembrada en el corazón de aquellos que buscan crecer y alcanzar el éxito.

Agradezco de antemano tu dedicación para ampliar el alcance de este libro e impactar la vida de muchos. Tu compromiso de compartir el conocimiento es lo que hace que este *bestseller* sea una historia de éxito aún más grandiosa.

Vamos juntos a transformar vidas y marcar la diferencia. Recomienda este libro y, juntos, alcanzaremos a la mayor cantidad de personas posible.

Con gratitud y entusiasmo, Junior Moreira.